AF470444

LES

GRANDES INDUSTRIES

DE LA FRANCE

Paris.— Soc. d'Imp. PAUL DUPONT, 41, rue Jean-Jacques-Rousseau (Cl.) 33 12.85.

LES
GRANDES INDUSTRIES
DE LA FRANCE

PAR A. DROHOJOWSKA

LE SUCRE

SUCRE DE CANNE. — SUCRE DE BETTERAVE

MARGRAFF. — ACHARD. — DEYEUX.

DELESSERT. — GOUVION-DEROY. — CORENWINDER.

PARIS

SOCIÉTÉ D'IMPRIMERIE ET LIBRAIRIE ADMINISTRATIVES ET CLASSIQUES
PAUL DUPONT, Éditeur
41, RUE JEAN-JACQUES-ROUSSEAU, 41
(Hôtel des Fermes)

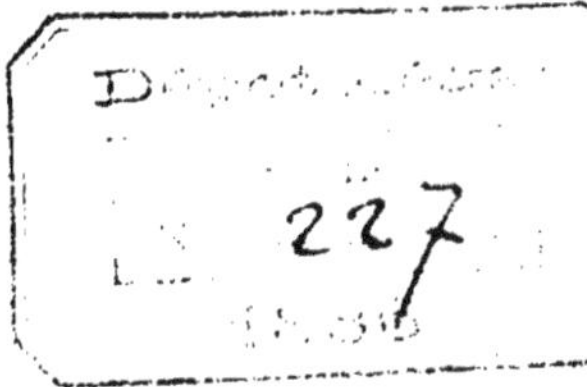

INTRODUCTION

I

Le sucre, qui tient maintenant une si grande place dans notre alimentation, est très répandu dans le règne végétal.

Il se rencontre surtout, ainsi que nous le dirons plus loin, dans la canne à sucre, qui, dans les pays chauds, croît à l'état sauvage ; dans la sève des palmiers, des érables, des bouleaux ; dans les racines des betteraves, des carottes, des navets, etc.

Toutefois, industriellement parlant, la canne et la betterave sont les seules plantes dont on extrait le sucre.

Depuis Margraff, depuis Achard jusqu'à Delessert, depuis Delessert jusqu'à nous, l'art d'extraire le sucre de la betterave a fait des progrès continus ; il en fait chaque jour encore, et plus on étudie cette belle découverte sous le rapport du commerce, de l'industrie et de l'agriculture, plus elle paraît grande.

Après bien des vicissitudes, l'extraction du sucre indigène est devenue chez nous une industrie de premier ordre : 512 fabriques, employant 63,526 ouvriers, produisent annuellement plus de 400 millions de kilogrammes de sucre.

L'industrie sucrière n'a cependant pas encore atteint en France un développement en rapport avec l'importance du rôle que joue le sucre au point de vue de l'hygiène et de l'alimentation. . . . . . . La consommation n'est encore en France que de 8 kilogrammes environ (par individu et par an), tandis qu'en Angleterre elle dépasse 13 kilogrammes.

Il y a lieu d'espérer qu'en France les progrès de la richesse générale et de l'industrie sucrière élèveront bientôt cette moyenne (1).

(1) *La France industrielle*, par Paul Poiré (1880).

II

Ce n'est pas d'aujourd'hui seulement que la réputation du sucre est acquise, et que son emploi réclame une place considérable dans l'alimentation des peuples européens ; de tout temps, la plus vive sympathie, non seulement de l'enfance, si friande de bonbons, mais des gourmets de tout âge et de toutes conditions, lui fut acquise.

Nous trouvons à ce sujet, parmi les nombreux et curieux documents réunis par Édouard Fournier sous le titre piquant du *Vieux Neuf*, des détails intéressants sur l'accueil bienveillant que lui firent, lors de son apparition en Europe, les princes et le public du temps.

Ce passage donnerait même à entendre que l'introduction de cette matière, aujourd'hui d'un usage si général que l'on conçoit à peine que l'on eût pu s'en passer pendant de longs siècles, ne fut pas sans exercer une influence considérable sur le goût et les habitudes de nos pères.

. . . . . . Au xiiie siècle, dit M. Fournier, la

friandise se raffine ; elle fait déjà des victimes : l'empereur Frédéric II meurt d'une indigestion, après avoir mangé des poires saupoudrées de sucre fin, luxe alors assez nouveau et d'assez grand prix pour qu'un souverain seul pût se permettre d'en mourir.

Le roi Jean aima mieux ne s'en faire qu'une consolation de sa captivité à Londres : les sucreries au musc ou *Muscarat* furent l'adoucissement de sa prison.

C'était encore l'Orient qui nous avait fait ce présent. A l'époque même où son sol donnait les épices : le poivre, le girofle, le gingembre, la rhubarbe, une science qui lui appartenait, celle des Arabes, nous envoyait le sucre pour faire contraste.

Sans aller aussi loin que l'auteur de l'antique maxime : *Il ne saurait y avoir rien de neuf sous le soleil;* sans même adopter dans toute son étendue celle qu'Édouard Fournier a, avec autant d'à-propos que d'esprit, rééditée d'après la couturière de Marie-Antoinette, assure-t-il, et qui prétend qu'*il n'y a de nouveau que ce qui est oublié* (1), nous nous rangeons assez volontiers à l'opinion de l'auteur du *Vieux Neuf*.

La pensée première, dit-il, de tout ce que l'homme devait faire et créer pendant la durée de ce monde a, selon nous, été créée en même temps que lui, mais à la condition formelle que la maturité de l'un ne devancerait pas la maturité de l'autre.

Qu'eût-il fait, cet homme des premières époques, avec sa main inhabile, avec ses facultés bornées et garrottées encore dans les langes de l'ignorance et de la servitude, qu'eût-il fait de ces choses qui devaient être la force et la gloire de sa main devenue habile et de sa pensée émancipée.

Qu'eût-il fait de la vapeur? qu'eût-il fait de l'imprimerie? qu'eût-il fait des aérostats? qu'eût-il fait de la poudre? Rien.

L'Allemand Quandt est de notre avis pour ce qui regarde l'imprimerie. Elle n'est devenue ce

____

(1) Le poète anglais Chaucer disait, dans le même sens, au xive siècle : *Il n'y a de nouveau que ce qui a vieilli.*

1.

qu'elle est que parce qu'elle est venue à son heure... Disraéli croit que les Romains la connurent mais qu'ils n'en voulurent point.

Leur puissance se fondait, comme celle des autres civilisations antiques, sur une sorte de monopole aristocratique de toutes choses, surtout de la science et des lumières... Ils durent craindre une invention qui porte partout avec elle et prodigue à tous des idées de science et de liberté ; aussi, et bien qu'ils n'eussent qu'à tendre la main pour la tirer du néant, ils l'y laissèrent.

Il est certain encore que les anciens connurent la poudre ; mais qu'en firent-ils ? des feux d'artifice... La terrible invention ne leur semblait qu'une amusette ; les petits enfants la gardèrent, et c'est en leurs mains qu'au xiiie siècle Roger Bacon la retrouva.

Enfant lui-même, l'homme n'eut d'abord de toutes ces choses que ce qu'un enfant devait et pouvait en avoir ; il les posséda dans leur état le plus rudimentaire ; ce ne furent que des jouets pour lui. « Mais à mesure que, par suite de ce que nous appelons le progrès de la civilisation, ces premiers âges de l'humanité se transformaient en une forte et puissante virilité, le même développement s'opérait graduellement autour de lui. Les arts, les sciences, l'industrie, grandissaient et produisaient les merveilles que nous voyons se multiplier chaque jour à notre profit. S'ensuit-il que notre siècle soit essentiellement inventeur? La question est aussi délicate que difficile à trancher. »

Bornons-nous à conclure, avec l'auteur que nous venons de citer, que si notre époque n'est pas celle des créations originales et des idées premières, elle est, certainement du moins, l'époque des idées utilement mises en œuvre, utilement perfectionnées, universellement pratiquées et comprises ; l'époque de la pratique active et puissante ; l'époque sérieuse et mûre qui a préparé le terrain où mille idées, trop longtemps en fleurs, se sont mûries et sont devenues des fruits.

PREMIÈRE PARTIE

LE SUCRE DE CANNE

I

De tous les végétaux connus, la canne à sucre, dit Dutrône, est celui qui, par la nature et la richesse de ses produits, mérite le plus de fixer l'attention.

Originaire des Indes orientales, la canne a été cultivée dès la plus haute antiquité par les Chinois, pour lesquels le sucre qu'ils en tiraient était un objet considérable d'alimentation et de commerce.

Les Égyptiens furent les premiers peuples d'Occident qui eurent connaissance et qui firent usage des principales productions de l'Inde.

Les Phéniciens, devenus maîtres de plusieurs ports de la mer Rouge, enlevèrent aux Égyptiens le monopole de ce commerce, et bientôt Sidon et Tyr devinrent les entrepôts d'une infinité de denrées précieuses.

Alexandre le Grand ayant fait la conquête de Tyr et soumis l'Égypte, enrichit ces peuples du commerce des Phéniciens et en particulier de celui de l'Inde, en leur frayant une route par la mer Rouge et le Nil. Il fonda à l'embouchure de ce fleuve une ville superbe qui fut depuis, par son commerce, aussi célèbre qu'elle l'était alors par le nom de son fondateur.

Après la conquête de l'Asie, Alexandre fit rompre les cataractes de l'Euphrate et du Tigre, et ouvrit ainsi aux marchandises de l'Orient une route que ces fleuves avaient jusqu'alors refusée.

Le goût des Romains pour les aromates et les épices donna au commerce de l'Inde un nouveau degré d'activité et d'étendue; les Grecs et les Égyptiens le continuèrent, le développèrent. Leurs flottes allaient s'approvisionner à Musiris, où les Indiens apportaient leurs marchandises.

La destruction de l'empire romain rendit Constantinople maîtresse de ce commerce, qu'elle fit par l'Euphrate et le Tigre. Enfin les soudans d'Égypte le rétablirent par la mer Rouge, lorsqu'ils permirent aux Italiens de venir négocier à Alexandrie.

Parmi les denrées de l'Orient, le sucre paraît avoir été une des dernières connues. L'histoire des anciens Égyptiens, des Phéniciens et des Juifs n'en fait aucune mention. Les médecins grecs sont les premiers qui en aient parlé sous le nom de *sel indien*.

A la saveur douce et aux caractères que Dioscoride et Pline assignent à ce sel indien, il est impossible de ne pas reconnaître le sucre candi de notre commerce.

C'était de l'Inde et de l'Arabie que le sucre venait aux Grecs et aux Latins; mais ce n'était ni dans l'Inde ni dans l'Arabie qu'on cultivait la canne et qu'on fabriquait le sucre.

La canne ne croissait encore qu'aux îles de l'archipel indien, dans les royaumes de Bengale, de Siam, etc. ; mais le sucre qu'on en retirait passait, avec les épices et autres marchandises orientales, par les contrées designées sous le nom de Grandes-Indes, avant d'entrer dans le commerce avec l'Europe.

La canne n'a été introduite en Arabie qu'au xiiie siècle, époque à laquelle les Grandes-Indes ont commencé à être ouvertes au commerce des autres nations asiatiques.

Si la canne avait existé dans la partie de l'Asie située en deçà du Gange jusqu'à la Méditerranée ; si elle avait existé en Arabie, en Afrique, il est évident que, croissant naturellement dans tous les pays chauds et s'y reproduisant sans culture, ce précieux végétal ne fût pas demeuré inconnu aux divers peuples qui ont habité ou parcouru ces contrées ; son suc est trop agréable au goût, trop facile à extraire, trop salubre, pour n'avoir pas été découvert et recherché avec empressement par les hommes et les animaux. Or, les Perses, les Égyptiens, les Phéniciens, les Grecs, qui ont parcouru une grande partie de l'Asie avec Alexandre, les juifs, les Romains, les chrétiens, les mahométans ne font aucune mention de la canne avant l'époque où l'Inde fut enfin ouverte au commerce.

Ce n'est pas cependant que des recherches n'eussent été faites à cet égard : en apportant le sucre à Musiris, à Ormuz, etc., les Indiens, questionnés sur sa provenance, n'avaient pas caché qu'on le retirait d'une espèce particulière de roseau. Sur cette indication, les habitants de l'Asie (en deçà du Gange) se préoccupaient de savoir s'ils n'avaient point, parmi leurs roseaux, celui qui donnait la matière sucrée.

Ils crurent l'avoir trouvé dans une espèce de bambou, qu'ils nomment *mambu*, dont les jeunes rejetons sont remplis d'un suc très doux et très agréable.

Les Arabes cherchèrent aussi le sucre dans les plantes de leur pays, et ils nommèrent *zucchar aihasser* le suc concret d'une espèce d'apocin connu parmi eux sous le nom d'*athupfar* ou *alhaffer*.

Avicennes a distingué trois sortes de sucres. Le *zucchar arrumdineum*, qui est le sel indien ou notre sucre candi; le *zucchar mambu* ou *tabaxir* des Perses, et le *zucchar alhaffer* des Arabes.

L'identité du sel indien et du sucre de canne a été vivement contestée aux xiv⁰ et xv⁰ siècles; mais depuis que l'on a pu démontrer que l'art du sucrier, l'art du raffineur et celui du confiseur étaient il y a cinq cents ans portés à un haut degré de perfection dans les Indes, il est impossible de discuter sérieusement cette identité.

Les Indiens qui apportaient le sucre à Ormuz apprirent bien, ainsi que nous l'avons dit, aux marchands avec lesquels ils trafiquaient qu'on retirait cette denrée d'un roseau ; mais leur assertion, dénuée de détails, soit sur le roseau, soit sur la manière d'en retirer le sucre, fit naître plusieurs opinions, et sur la plante qui donnait un produit si extraordinaire, et sur le produit lui-même, que l'on jugea être une espèce de miel végétal; d'autres le considérèrent comme une rosée du ciel qui tombait sur les feuilles du roseau ; ensuite on imagina que c'était le suc d'un roseau concret à la manière de la gomme.

La crainte d'aliéner une branche de leur commerce ne fut pas le seul motif qui empêcha les Indiens d'apporter à Ormuz le roseau dont on retirait le sucre.

La canne, comme canne, n'aurait été pour les marchands qu'un objet de pure curiosité ; or, leurs canots, formés d'un seul tronc d'arbre, étant extrêmement petits, ils devaient, on le conçoit, non seulement en éloigner toutes les non-valeurs, mais encore ne les charger que de marchandises du plus haut prix sous le plus petit poids et le plus petit volume. Le sucre n'avait pas cet avantage sur le plus grand nombre de leurs marchandises, et la canne beaucoup moins encore que le sucre.

C'est sans doute pour ce motif que le sucre fut une des denrées de l'Orient importées les dernières en Occident, où il ne fut d'ailleurs en usage, pendant les premiers temps, qu'en médecine.

Pendant la domination tartare en Perse, Bassora partagea avec Ormuz le privilège de servir d'entrepôts aux denrées de l'Orient. Aux xie, xiie et xiiie siècles, ces denrées arrivèrent en Europe par diverses autres routes. Tantôt elles remontèrent le fleuve Indus, traversèrent la mer Caspienne et arrivèrent par terre à la mer Noire ; tantôt elles

remontèrent le golfe Persique et prirent la route de
la mer Noire par l'Arménie ; elles passèrent aussi
par Bagdad, pour aller à Damas, à Alep, à Antio-
che, à Acre, etc.

Enfin les soudans d'Égypte ayant permis, en
1339, aux Italiens de venir à Alexandrie, ces marchandises, qui, au rapport de Sanatus et de l'ar-
chevêque de Tyr, consistaient en clous de girofle,
muscades, soie, sucre et autres produits du même
genre, reprirent la route qu'Alexandre leur avait
autrefois ouverte.

II

Cependant, en 1250, Marco-Polo, noble vénitien,
conduit en Tartarie par des spéculations de commerce, ayant voyagé dans la partie méridionale
de l'empire de Chine et parcouru le premier la presqu'île du Gange, dit, en parlant du Bengale, que ce
pays produisait des épices, du galanga, du gingembre et du sucre en abondance.

Enhardis par l'exemple de Marco-Polo, les marchands européens, qui, jusqu'alors, avaient attendu
les Indiens à Ormuz, commencèrent à aller s'approvisionner chez eux. Ils y virent la canne ; ils y
virent le mûrier et les précieux vers qu'il nourrit,
et ils ne tardèrent pas à importer de l'autre côté du
Gange ces inestimables trésors.

L'Arabie Heureuse fut le premier berceau de ces

deux importations, qui de là devaient se répandre sur tant d'autres points du globe.

De l'Arabie Heureuse, la canne passa assez promptement en Nubie, en Égypte et en Éthiopie; à ce moment la fabrication du sucre prit une grande extension.

Vasco de Gama, qui doubla le cap de Bonne-Espérance en 1497, rapporte que dans le royaume de Calicut il se faisait un commerce considérable de sucre et de conserves sucrées.

Le célèbre Portugais Pedro-Alvarès Cabal alla en 1500 à Cambaye; il y trouva la canne très abondante et le sucre l'objet d'un grand commerce.

Barthema rapporte qu'en 1506 Bathacela était une ville de l'Inde très célèbre, qui faisait un grand commerce de sucre, surtout de sucre candi; qu'elle était tributaire du royaume de Natsinga, et que ce royaume produisait une grande abondance de cannes.

Odoardo Barbosa dit qu'en 1515, à Bangala, sur la côte de Malabar, on faisait du sucre blanc et bon; mais que, ne sachant en faire des pains, on le mettait dans des sacs de toile, couverts de cuirs bien cousus; enfin il ajoute qu'on y préparait des conserves de limon, de gingembre et d'autres fruits du pays qui étaient excellents confits au sucre.

Antoine Pigazetta rapporte qu'en 1519, étant à Zubut, île au sud de la Chine, à Caghicam et à Pulaoan, les habitants leur apportèrent en présents des vases peints, de l'arack et plusieurs faisceaux de cannes à sucre très douces; que le roi, après les avoir comblés de présents, leur donna un repas où on leur servit de la cannelle préparée au sucre, et des viandes confites avec une si grande quantité de sucre, qu'ils les coupaient et les mangeaient avec des cuillères faites comme les nôtres.

On peut juger d'après ces témoignages combien étaient anciens et répandus l'art du sucrier, l'art du raffineur et celui du confiseur dans les grandes Indes.

Bien qu'on ne puisse fixer exactement la date de l'importation de la canne en deçà du Gange, on peut établir que dès la fin du xive siècle la production et la fabrication du sucre étaient généralement répandues non seulement en Arabie et en Égypte, mais encore sur plusieurs points de l'Afrique.

En 1505, Barthema, que nous avons déjà cité, trouva à Danat et à Zibit, villes considérables de l'Arabie Heureuse, un commerce très actif de sucre.

En 1500, une des villes les plus considérables de la Nubie était, au dire de Giovani-Lioni, un grand entrepôt de sucre produit par les provinces environnantes. Ce sucre, toutefois, était brut et noir, parce que ceux qui le fabriquaient ne savaient pas le cuire.

Ce même voyageur ajoute qu'il y avait à Dérotte, ville d'Égypte très célèbre, bâtie sur les bords du Nil par les Romains, une communauté qui payait, en 1500, aux soudans d'Égypte 100,000 sarassis pour avoir la liberté de faire du sucre. La manufacture de cette communauté était si considérable que ses bâtiments avaient l'apparence d'un château. Elle renfermait des pressoirs et des chaudières pour l'expression et la cuisson du sucre ; enfin le nombre des ouvriers employés à ce travail était tel que leur salaire se montait à 200 sarassis par jour.

Cette même abondance de sucre existait à la même époque à Thèbes.

Sur un autre point de l'Afrique, au nord du Maroc, Giovani-Lioni signale encore une belle plaine baignée par le fleuve Sus, toute plantée de cannes dont le sucre était vendu aux marchands de Fez, de Maroc et des pays des Nègres. Le centre de ce commerce était une ville très ancienne, bâtie au milieu de cette plaine et nommée Teijcus.

Enfin, Don François Alvarès trouve la canne très répandue en Éthiopie ; mais le sucre y est inconnu : c'est la plante elle-même que les habitants mangent crue, faute de savoir en extraire et en préparer le suc.

A la fin du xive siècle, la culture de la canne fait un pas de plus vers l'Occident ; elle est apportée presque simultanément en Syrie, en Chypre et en Sicile; mais le sucre qu'on en tire est noir et gras comme celui d'Afrique.

Ce précieux produit ne devait pas tarder à passer les mers et à aller enrichir une de ces nouvelles colonies par lesquelles l'Europe préludait aux grandes découvertes qui allaient bientôt doubler le monde connu. Don Henri, régent de Portugal, transportait à Madère (1420), qu'il venait de découvrir, quelques-uns des plants déjà acclimatés en Sicile.

De Madère, la canne passait aux Canaries, où la production et la préparation du sucre acquirent bientôt une supériorité longtemps incontestée.

Pendant ce temps des essais étaient faits en Provence et en Espagne ; sur quelques points de ce dernier pays la canne prospéra ; mais en Provence la rigueur relative de l'hiver s'opposa dès d'abord au développement de cette culture.

Un autre théâtre, théâtre nouveau et merveilleusement favorisé par le climat, allait s'ouvrir pour la production du sucre.

Christophe Colomb ayant découvert le nouveau monde, Pierre d'Etiença, un des premiers aventuriers, qui alla demander la fortune à ces terres nouvelles, y apporta la canne.

Hispaniola (1) reçut la première la plante indienne, qui s'y acclimata si rapidement et si admirablement qu'on devait longuement discuter, dans la suite, si ce sol fertile n'avait pas été sa patrie primitive. La canne ayant ainsi prospéré, un Catalan nommé Michel Balestro essaya d'en exprimer le jus, et Gonzalès de Velusa, lui venant en aide, eût le mérite de doter la colonie naissante de sa première sucrerie : il appela à ses frais des ouvriers de Palma (une des îles Canaries).

Cette industrie, la première établie aux Antilles, devait être longtemps la principale source de la richesse de ces contrées privilégiées de la nature. Dès 1518, on comptait vingt-huit sucreries à Saint-Domingue. La touffe de canne qui, en Espagne, ne produisait que cinq à six rejetons, en donnait ici vingt à trente ; et les produits en sucre étaient si considérables qu'on assure que les magnifiques

____

(1) Plus tard Saint-Domingue et aujourd'hui Haïti.

palais de Madrid et de Tolède, qui sont l'ouvrage de Charles-Quint, furent entièrement édifiés avec le seul produit des droits d'entrée perçus sur les sucres de la grande île espagnole.

III

Nous venons de voir la marche que la canne a suivie pour se répandre dans toutes les parties du monde, depuis l'époque où cette plante précieuse traversa le Gange et fut portée en Arabie.

Mais en s'appropriant la plante, les importateurs ne purent ni ne surent s'approprier l'art d'en extraire le sel essentiel; et les procédés que le hasard ou l'observation offrirent, en Arabie, aux premiers cultivateurs de la canne furent entièrement différents de ceux employés dans les Indes.

Les détails que donne Rhumphius sur l'art de faire cristalliser le sucre, chez les Chinois, indiquent que cet art était fondé sur les principes de la chimie la plus saine :

« Le suc exprimé est reçu, dit-il, dans de grandes chaudières, sous lesquelles on entretient un feu très fort ; à mesure que ce suc s'évapore, on en ajoute de nouveau jusqu'à ce qu'il devienne roux et épais ; alors on le met dans de grands et profonds plats de terre qu'on porte dans un lieu chaud.

« Le sucre forme à la surface des cristaux qui se réunissent en groupes blancs qu'on nomme *gâteaux de sucre*, tandis que la partie cristallisée au dessous est appelée *moscouade*.

« Pour raffiner le sucre, on le clarifie dans de grandes chaudières au moyen de blancs d'œufs ; on ajoute en cuisant un peu de graisse de volaille, puis on met à cristalliser dans de grands plats de terre. Celui qu'on obtient des gâteaux de sucre est très blanc, très pur et semblable au cristal ; on le nomme *sucre mâle ;* celui qu'on obtient de la moscouade, dont les cristaux sont moins beaux, moins durs et plus doux, se nomme *sucre femelle.* »

Il est, ce nous semble, parfaitement établi, par tous ces témoignages, que l'art d'extraire le sucre et de le raffiner consistait, chez les Chinois, à l'obtenir dans la plus grande pureté possible et dans la forme de cristaux réguliers, tels que le présentent encore nos sucres candis.

Les mêmes témoignages, appuyés par le paragraphe de Rhumphius que nous allons reproduire, ne laissent non plus de doutes sur ce fait que ce sont les Chinois qui, les premiers et dès la plus haute antiquité, ont inventé et pratiqué les différents arts dont l'exploitation de la canne et le travail du sucre réclament le concours.

« L'art de cuire le suc de la canne, pour en obtenir le sucre, dit ce savant naturaliste, n'est pas très ancien chez les Indiens: ou *ils l'ont appris des Chinois*, ou l'appât du gain leur a fait découvrir le secret que ceux-ci ne leur divulguaient pas; quoi qu'il en soit, les *Chinois sont encore les seuls à Java qui sachent raffiner le sucre.* »

Bien que les moyens employés en Arabie et en
Égypte pour fabriquer le sucre ne soient pas parvenus jusqu'à nous, nous pouvons cependant reconnaître, par les sucres gras et noirs que ces contrées
mirent d'abord dans le commerce, que leurs procédés étaient tout autres que ceux employés en Chine
et dans l'Inde.

Les importateurs de la canne, en deçà du Gange,
avaient négligé de prendre des instructions sur la
manière de faire le sucre, ou n'avaient pu les obtenir.

Cette dernière hypothèse nous paraît la plus
probable ; on sait, en effet, avec quel soin jaloux
les peuples de l'extrême Orient conservent le secret
de leurs procédés artistiques et industriels. Aujour-
d'hui même que les principales barrières qui isolaient
chacun de ces peuples de tout contact étranger se
sont abaissées ; aujourd'hui que des rapports diplo-
matiques et commerciaux nous ont ouvert leur pays ;
aujourd'hui que des expositions internationales ont
amené jusqu'au cœur de l'Europe civilisée leurs
produits, ce n'est qu'à grand'peine et par la force
matérielle des choses que nous parvenons à pénétrer
dans leur vie sociale et industrielle, à connaître
avec quelque précision leurs véritables usages.

En ce qui touche à l'extension de la culture de la
canne et de la production du sucre, l'intelligence des
Arabes dut suppléer à l'absence de toutes connais-
sances pratiques.

D'essais en essais, de tâtonnements en tâtonnements, ils arrivèrent à reconnaître les qualités mer-
veilleuses de la chaux et des alcalis pour purifier le

sucre, et à imaginer les cônes pour le faire cristalliser et purger.

C'était un pas énorme de fait, et il eût été probablement suivi de perfectionnements ultérieurs, si, dans leur enthousiasme à l'endroit des succès obtenus, les Arabes ne se fussent cru arrivés au dernier terme de la perfection.

Les Vénitiens, que l'état de leur marine et la courageuse hardiesse de leurs expéditions commerciales mettaient plus à même qu'aucun autre peuple de comparer les produits des différents pays, l'industrie des différents peuples, furent les premiers en Europe qui essayèrent de raffiner le sucre.

Ils prirent d'abord pour types les sucres chinois et parvinrent à obtenir leurs sucres candis en purifiant, en clarifiant et en cuisant à plusieurs reprises les sucres gras d'Égypte. Un peu plus tard, ils adoptèrent l'usage des cônes et fabriquèrent le sucre raffiné en pains.

La concurrence ne tarda pas à disputer à la puissante reine de l'Adriatique cette source assurée de richesse.

Des raffineries de sucre s'établirent dans presque toutes les villes commerçantes de l'Europe, et elles s'y sont multipliées à mesure que, les colonies américaines jetant une quantité toujours croissante de sucre sur nos marchés, la consommation de cette denrée est devenue d'un usage de plus en plus général.

LA CANNE A SUCRE

ET

SES DIFFÉRENTES PARTIES

I

Aspect de la canne.

La canne, ainsi que nous venons de le démontrer, n'est pas indigène du Nouveau Monde ; elle ne s'y trouve, d'ailleurs, nulle part à l'état sauvage, et si elle y fleurit, les organes de la fructification étant, dans ses fleurs, privés de quelques-unes des conditions essentielles à la fécondation du germe, elle reste stérile ; elle ne peut se reproduire que par boutures. Il est vrai que cette reproduction s'opère avec une merveilleuse rapidité.

La zone torride est sa patrie par excellence ; elle s'y plaît et y acquiert une puissance de production inouïe. Mais elle peut s'étendre, sans en souffrir, dans les zones tempérées, jusqu'au 40° de latitude et même au delà, dans les contrées abritées.

Sa constitution est plus ou moins robuste, selon la situation et l'exposition du sol où elle croit. Peu sensible à la nature de ce sol, elle semble trouver en sa propre substance les éléments propres à son développement et ne demander à la nature que certaines conditions atmosphériques.

Sa végétation constante est plus ou moins rapide, suivant la saison et suivant la température de chaque saison.

Considérée uniquement comme plante, elle met cinq à six mois à parvenir à son entier accroissement.

L'époque de sa floraison est en novembre et décembre, mais elle ne fleurit que lorsque la culture ne l'éloigne pas trop de l'état naturel. Le terme de sa floraison est aussi celui de sa vie, dont la durée, lorsqu'elle ne fleurit pas, est, selon les circonstances, plus ou moins longues.

Considéré dans son état cultivé, le terme de son accroissement est relatif à sa constitution plus ou moins forte, et il s'étend de douze à vingt mois ; elle dépérit d'autant plus promptement, que sa constitution est plus faible, et c'est à l'époque de son dépérissement qu'il convient de la récolter.

Elle porte trois sortes de sucs : l'un purement aqueux, l'autre extractif, le troisième muqueux. La proportion et la qualité de ces deux derniers tiennent à un nombre infini de circonstances particulières, dont la connaissance porte le plus grand jour sur les soins que demande la culture de cette plante, une des plus précieuses, sans nul doute, que la nature ait offerte à l'homme.

Les roseaux et les graminées diffèrent de proportions, les roseaux en ce que leurs vaisseaux séveux, qui sont la partie la plus solide de ces plantes, n'ont pour écorce qu'une peau extrêmement mince avec laquelle ils forment une tige, divisée à certaines distances par un renflement d'où part une feuille, et par un étranglement qu'on nomme nœud.

Ce nœud présente intérieurement une cloison qui partage la tige en autant de cylindres, souvent creux, qu'on nomme entre-nœuds, et dont la longueur varie suivant l'espèce et suivant les circonstances individuelles.

Dans la canne, comme dans les roseaux et les graminées, chaque division est marquée par une feuille. Nous nommons cette division de la **tige** nœud-canne et nous distinguons dans chaque nœud-canne un nœud proprement dit, un entre-nœud et une feuille.

La canne présente, au premier aspect, une souche avec des racines et une tige avec des feuilles.

La souche doit être distinguée en deux parties. La première est formée de plusieurs nœuds particuliers dont le nombre est constamment de cinq, quelquefois de six et jamais plus de sept. Leur étendue porte à une ou deux lignes : leur surface présente un rang de petits points, éléments de racines.

Nous nommons ces nœuds *radicaux*, parce qu'ils semblent uniquement destinés à donner des racines; ils sont divisés entre eux par une feuille nommée feuille *radicale*.

C'est l'ensemble de ces nœuds qui forme la première partie de la souche que nous nommerons *souche primitive*, parce qu'elle paraît servir seulement au premier développement des nœuds-cannes qui la suivent : comme elle ne pourrait suffire à une nombreuse foliation de nœuds, la nature a doué le nœud proprement dit de plusieurs rangées de points, éléments de racines qui se développent au besoin pour former, avec les nœuds d'où elles partent, une souche secondaire.

Il arrive ainsi que les points des nœuds qui suivent la souche primitive se développent et forment des racines jusqu'au moment où les nœuds-cannes sont assez nombreux et assez longs pour élever hors de terre ceux qui les suivent et qui vont former la tige.

Cette seconde partie de la souche devient très forte et semble servir seule à la foliation de nœuds la plus étendue.

Les racines résultent du développement des vaisseaux séveux disposés en rayons concentriques autour de chaque point, et de ce point même que présentent à leur surface les nœuds radicaux et les nœuds proprement dits.

La disposition des vaisseaux séveux de la racine, coupée transversalement, offre un plan circulaire peu serré, rempli d'un tissu cellulaire et recouvert d'une peau qui est blanche d'abord, puis qui devient brune et noire, et dont le tissu est très spongieux.

Les racines sont presque cylindriques, leur diamètre est à peu près d'une ligne (environ 0^m,023), et leur plus grande longueur est d'un pied au plus

(0^m,33) ; elles fournissent dans leur étendue quelques petites radicules courtes, peu nombreuses.

Tous les nœuds-cannes, soit qu'ils forment la souche secondaire, soit qu'ils forment la tige, sont divisés entre eux par une feuille qui leur est propre et que nous nommons feuille-canne.

Quelque peu considérable que soit l'étendue des nœuds-cannes, soit dans la souche secondaire, soit dans la tige, ils portent toujours néanmoins tous les attributs qui les caractérisent.

Le nombre des nœuds de la tige est ordinairement de 40 à 60, quelquefois il s'élève à 80 et même au delà ! Ces nœuds varient beaucoup dans leurs dimensions : ils sont courts ou larges, gros ou petits, grêles ou renflés, et plusieurs de ces différences se rencontrent quelquefois dans les nœuds de la même tige.

Le nœud proprement dit n'est point dans la canne un simple étranglement comme dans la plupart des roseaux et des graminées. C'est un véritable anneau dont l'étendue est de 3, 4,5 lignes (de 0^m,069 à 0^m,115). Il offre à sa surface 2,3,4 et même 5 rangs de points à demi transparents, disposés en quinconces, et destinés à donner des racines ; il porte toujours un bouton qui renferme le germe d'une canne nouvelle; une ligne circulaire, à demi transparente, bien sensible à l'œil, le partage d'avec l'entre-nœud.

L'entre-nœud ne présente rien de particulier à sa surface ; son étendue varie depuis une ligne jusqu'à 6 pouces (0^m,16 environ).

On remarque à sa partie supérieure un léger ren-

flement circulaire qu'on nomme *col*, et il est terminé
par la feuille propre au nœud-canne. L'entre-nœud
est complètement subordonné aux circonstances où
se trouve le nœud-canne lors de son développement
et de son accroissement. Il est destiné à remplir la
fonction qui nous intéresse le plus dans la culture
de la canne dont il porte le suc à l'état de sel essentiel, après lui avoir fait subir diverses modifications.
Nous verrons dans la suite que son action particulière sur le suc qu'il élabore a, non seulement la plus
grande analogie avec celle des fruits muqueux, mais
que, par rapport à cette action, il est lui-même le
fruit muqueux par excellence.

Si l'on examine la structure intime des diverses
parties de la canne, on voit qu'elles sont formées de
vaisseaux séveux et de vaisseaux propres; sans
doute, elles ont aussi des tranchées et des utricules,
mais ces organes échappent à la loupe et même au
microscope.

Les vaisseaux séveux sont assez gros, leur nombre
s'élève à 1,500 et plus ; coupés transversalement, ils
n'offrent qu'une ouverture s'ils sont simples ; s'ils
sont composés, ils en offrent deux, trois et même
quatre assez grandes pour être vues et estimées
à la loupe.

Les vaisseaux propres dont la fonction est de séparer dans les feuilles, dans l'écorce et dans l'intérieur
de la canne, les sucs particuliers et propres à cette
plante, ont une disposition symétrique telle, qu'ils
présentent, surtout dans l'intérieur de l'entre-nœud,
des cavités hexagones rangées sur le même plan

et isolées comme celles des abeilles, formant à distances égales des rayons horizontalement placés
les uns sur les autres.

À un point plus ou moins élevé de la tige, chaque
vaisseau séveux se divise en deux parties : l'une
continue la direction verticale ; l'autre se porte horizontalement.

Les divisions horizontales s'entrecroisent sur plusieurs plans avec les divisions verticales, et après
avoir formé une cloison d'une à deux lignes de hauteur, elles se réunissent en un faisceau qui perce
l'écorce et s'applique à la surface du nœud proprement
dit sous la forme d'un bouton.

Les boutons ainsi formés renferment l'espoir d'une
génération future et se présentent toujours alternativement sur deux lignes opposées.

La cloison que forment les divisions horizontales
sépare intérieurement les nœuds-cannes et intercepte
entre eux toute communication par rapport à leur
fonction particulière.

Au-dessus du point de leur division, les vaisseaux
qui suivent la direction verticale présentent, dans
toute l'étendue du nœud proprement dit, une face
concave et une autre convexe ; puis ils deviennent
ronds, sans doute par l'abouchement d'autres vais-
sceaux. Les points de cet abouchement qui se corres-
pondent dans tous les vaisseaux ont quelquefois
jusqu'à une ligne d'étendue et sont marqués par une
demi-transparence qui forme démarcation entre le
nœud et l'entre-nœud.

L'espace que les vaisseaux séveux laissent d'une

2.

cloison à l'autre est rempli par les rayons que forme la disposition symétrique des vaisseaux propres.

L'écorce de la canne présente trois parties à considérer : l'écorce proprement dite, la peau et l'épiderme.

L'écorce proprement dite est formée de vaisseaux séveux rangés parallèlement sur un plan circulaire très serré.

La peau, qui est très mince, est d'abord tendre et blanche, puis elle devient verte, citrine et jaune, à mesure que le nœud-canne approche de la maturité, dont le terme est annoncé par des stries d'un rouge foncé. Cet organe est destiné à une fonction particulière, dont le produit passe dans les vaisseaux propres de l'intérieur.

L'épiderme est une pellicule fine et transparente, qui recouvre la peau ; il est presque toujours blanc et farineux dans la partie supérieure de l'entre-nœud, quelquefois il est farineux et noir.

L'écorce arrivée à l'extrémité supérieure de l'entre-nœud se divise en deux plans : l'un, interne, va former l'écorce du nœud suivant ; l'autre, externe, reçoit plusieurs vaisseaux séveux qui viennent, de l'intérieur, se réunir à ceux de ce plan avec lesquels ils s'élèvent parallèlement, soutenus par un tissu réticulaire, pour former la feuille sur laquelle se continue la peau et l'épiderme de l'écorce.

Toutes les feuilles, excepté les trois premières radicales, sont divisées en deux parties par une nodosité.

La partie inférieure a quelquefois plus d'un pied de

hauteur ; elle sert d'enveloppe aux nœuds-cannes suivants qu'elle embrasse très étroitement, en formant sur eux à peu près un tour et demi. Sa face interne est blanche, lisse, polie et luisante ; sa face externe, légèrement cannelée, présente un nombre infini de petites aiguilles blanches, longues de deux lignes à peu près, dont l'insertion est inférieure.

La partie supérieure, qui est d'un vert plus ou moins foncé, a jusqu'à quatre pieds (1ᵐ, 33) de longueur et même quelquefois plus ; droite sur elle-même, elle s'étend et s'élève dans l'atmosphère en formant, avec l'axe de la canne, un angle d'autant moins aigu que le nœud d'où elle part est plus près du terme de son accroissement parfait ; sa plus grande largeur est de deux pouces ; elle va, en diminuant toujours, se terminer en pointe allongée.

La nodosité qui divise la feuille a plusieurs lignes d'étendue ; le tissu de sa peau est plus tendre, plus épais et d'un vert plus foncé, l'épiderme qui la recouvre est toujours farineux. Elle offre intérieurement un repli membraneux, mince, large d'une ligne, très étroitement appliqué sur le corps de la canne. Ce repli forme entre elle et la partie supérieure de la feuille une gouttière pour l'écoulement de l'eau de pluie ; c'est en même temps une barrière qui arrête les corps étrangers et fait obstacle aux insectes qui pourraient aller attaquer les nœuds dans le temps de leur développement.

Les feuilles s'élèvent alternativement sur deux plans opposés et présentent dans leur expansion une espèce d'éventail.

II

Développement des différentes parties de la canne.

Toutes les parties de la canne se forment, se développent, s'accroissent et s'élèvent successivement les unes sur les autres, de manière que chacune est, par rapport à la fonction dont elle jouit, un tout particulier qui paraît parcourir ses différents temps indépendamment des autres.

Cette particularité nous présente la canne sous deux aspects qui semblent se confondre.

Il serait inutile, du moins en Amérique, de chercher le germe d'une canne nouvelle dans les parties de la fructification de la canne. C'est le bouton qu'on remarque à la première partie du nœud-canne (le nœud proprement dit), qui contient l'espoir d'une génération future. Du centre du dernier nœud radical sort le germe du premier nœud-canne; ce germe renferme le principe de la vie de la canne et de la génération des nœuds. Le premier, en se formant, devient l'origine du second, le second devient l'origine du troisième, et ainsi de suite.

Cette succession une fois établie, le principe de la génération passe du nœud formé dans celui qui se forme; tandis que les premiers nœuds formés se développent et s'accroissent en mettant toujours entre leurs diverses révolutions un degré de différence marqué par le temps de leur génération ; de sorte que les nœuds de la canne peuvent être considérés comme autant de cercles excentriques, dont le centre est toujours occupé par un point qui devient cercle lui-même et est remplacé par un nouveau point, cercles qui, s'élevant les uns sur les autres, s'étendent pour arriver à un diamètre déterminé, dans un temps donné.

Nous partagerons en quatre époques les révolutions que subit le nœud-canne, depuis l'instant de sa formation, qui dure huit à neuf jours, jusqu'à l'époque de sa maturité.

L'ébauche du nœud parait au centre sous la forme d'un petit cône qui a deux lignes au plus de hauteur et passe à l'époque de la formation en sortant de ce centre où il est remplacé par un autre.

La première partie que présente cette ébauche est la feuille qui s'élève de huit à dix lignes ; dans le second temps, la feuille s'élève à vingt lignes et est suivie du nœud proprement dit; dans le troisième, elle parvient à cinq et six pouces, le nœud qui la suit est plus marqué et porte un bouton ; dans le quatrième, elle prend dix à douze pouces et est suivie de la ligne qui sépare le nœud de l'entre-nœud ; enfin, dans le cinquième temps, la feuille devient assez grande pour paraitre au jour ; elle est suivie de l'entre-nœud, de la ligne et du nœud.

Le nœud-canne, alors tout formé, passe à une seconde époque, celle du développement, dans laquelle chaque partie prend un caractère bien plus décidé.

Cette époque est divisée en plusieurs temps ; les changements qui les accompagnent sont marqués, et sur le nœud dont toutes les parties formées se développent, et sur le suc de l'entre-nœud dont la qualité est modifiée à divers degrés. Ce suc, pendant le développement, prend dans son odeur et sa saveur un caractère doux, herbacé, comme celui de quelques fruits muqueux verts.

La troisième époque, celle de l'accroissement, est aussi divisée en plusieurs temps qui répondent également à ceux des premières époques.

Ces temps sont moins marqués sur le nœud-canne, dont les parties formées et développées prennent tout le degré de force qu'elles puissent acquérir, que sur le suc de l'entre-nœud, qui subit, dans chaque temps, un degré d'élaboration de plus; ce suc, par une suite des modifications qu'il éprouve, cesse d'être herbacé; sa saveur et son odeur deviennent parfaitement semblables à celles des pommes douces.

Le suc des nœuds-cannes formés, développés et accrus, subit, par le travail de la mutation, dans es divers temps de la quatrième époque, qui répondent toujours à ceux des époques précédentes, diverses modifications dans le changement de la saveur douce en saveur sucrée, et de son odeur de pomme en l'odeur balsamique et particulière à la canne.

Il faut quatre à cinq mois pour l'entier accroissement du premier nœud-canne, et, pendant ce temps, sa filiation est suivie de quinze à vingt nœuds ; elle se continue dans la même progression, à mesure que chacun de ces nœuds arrive au terme de son accroissement, qui est annoncé par le dépérissement de la feuille, époque de la maturation.

Après quatre à cinq mois, lorsque les feuilles des deux ou trois premiers nœuds-cannes qui paraissent hors de terre sont desséchées, la canne présente douze à quinze feuilles vertes disposées en éventail. Alors, considérée dans l'état naturel, elle a acquis tout son accroissement.

Le dernier nœud, qu'on nomme flèche, a quatre à cinq pieds de long; il est terminé par une panicule de fleurs stériles qui a dix-huit a vingt pouces de hauteur (1).

La partie inférieure des feuilles des derniers nœuds est fort longue et forme une enveloppe très serrée qui accompagne la flèche jusqu'à la panicule et la soutient.

Nous donnerons à l'ensemble de toutes les parties de la canne, considérée en général, la simple dénomination de *canne*.

Nous nommerons *canne à sucre* l'ensemble des nœuds qui, par leurs feuilles, sont en rapport avec la souche, à quelque distance qu'ils se trouvent d'elle, parce que c'est dans les diverses révolutions que subissent ces nœuds que le corps muqueux est élaboré pour devenir sucre.

Enfin, nous nommerons *sucre-canne* l'ensemble des nœuds qui, parvenus au terme de leur dernière

(1) Si, ainsi que nous l'avons fait observer, la culture éloigne trop la canne de l'état naturel, elle ne fleurit pas.

époque, contiennent le sucre tout formé, et n'ont plus besoin de bénéficier de la végétation.

Ils doivent alors être considérés comme autant de fruits muqueux en maturité.

C'est la canne sucrée qu'on récolte pour en extraire le sucre.

III

Influence du sol, du climat et de la culture sur la canne.

Si les influences du sol, du climat, si l'éducation, modifient la constitution physique et morale des animaux; si la nature a assigné à chaque espèce les lieux qu'elle doit habiter et qu'elle ne peut quitter sans danger de languir et même de périr, les végétaux qui tiennent bien plus immédiatement à la terre doivent être et sont, en effet, beaucoup plus soumis encore à ces influences.

C'est aux influences du sol, du climat et de la culture que les plantes doivent leur constitution plus ou moins forte, leur vigueur et la faculté de remplir avec plus d'énergie les diverses fonctions qui leur sont propres.

Si le choix de quelques-unes varie par la nature du sol, toutes s'accordent à rechercher l'action de l'air, de la lumière et du soleil, et s'il en est qui donnent la préférence à telle ou telle exposition, c'est pour recevoir cette action d'une manière plus particulière et plus propre à leur constitution individuelle.

Les plantes, qu'on change de sol, de climat, dépérissent ou éprouvent une altération plus ou moins sensible, soit dans leur constitution, soit dans le produit de leurs fonctions.

Les végétaux que la nature a doués d'organes propres à élaborer un suc muqueux pour l'amener à l'état doux et sucré, semblent être le plus sensibles à ces diverses influences ; ils préfèrent une terre légère et divisée aux terrains gras et marécageux ; ils demandent surtout une position favorable pour recevoir l'action de l'air, de la lumière et du soleil, agents qui jouent le plus grand rôle dans l'élaboration et la perfection des matières sucrées.

On sait qu'à Chypre, à Madère, en Espagne et dans nos provinces méridionales où la vigne est peut-être cultivée avec moins de soin qu'aux environs de Paris et au centre de la France, le suc du raisin est infiniment plus riche en matière sucrée, et que cette matière est beaucoup mieux élaborée ; le ciel étant presque toujours beau dans ces régions, l'action de la lumière et du soleil y est plus forte et plus constante qu'aux environs de Paris, où les pluies sont fréquentes, où le soleil est souvent, plusieurs jours de suite, sans paraître sur l'horizon.

Les changements que font éprouver aux végétaux les soins multipliés de la culture, joints aux influences du sol et du climat sont quelquefois si considérables, surtout dans ceux qui produisent des fruits muqueux, qu'ils donnent lieu à des variétés infinies, qui paraissent les faire différer d'eux-mêmes, de manière à n'être presque point reconnaissables.

M. Duhamel a démontré qu'on doit rapporter, dans les arbres fruitiers, toutes les variétés d'une espèce à cette même espèce prise à l'état sauvage.

Ainsi toutes les vignes cultivées sont sorties de plusieurs espèces de vignes sauvages ; il en est de même des poiriers, des pommiers, etc.

Quoique la canne semble, au premier abord, ne pas différer sensiblement d'elle-même, cependant l'étude approfondie de cette plante fait connaître d'une manière bien évidente les modifications qu'elle a reçues; les différences qu'elle présente, tant en elle-même que dans le produit de ses fonctions, sont marquées de la manière la plus tranchée, non seulement dans les diverses parties de nos colonies sucrières, mais même dans les divers quartiers de chaque partie.

Rhumphius, qui n'a considéré la canne que comme naturaliste, a rapporté à trois variétés, prises de la couleur, toutes les espèces qu'il a vues dans l'Inde.

Les différences que ces plantes présentent n'ont point échappé aux Chinois ; ils ont, suivant l'auteur que nous venons de nommer, distingué deux sortes de cannes.

Ils nomment *Teefia* la première, à laquelle ils rapportent toutes celles dont l'écorce est mince, et *Gamfia* la seconde, à laquelle ils rapportent toutes celles dont l'écorce est épaisse.

D'après les diverses observations qui ont été faites

sur les changements et les modifications que la canne reçoit tant du climat, du sol, de la culture que de l'influence de l'eau, de la sécheresse, de l'air, de la lumière et du soleil, on peut rapporter toutes les variétés qu'offre cette plante à deux états principaux : la canne de constitution forte et la canne de constitution faible.

On distingue encore, dans ces deux états, des nuances particulières qui donnent lieu aux sous-divisions suivantes :

La canne de forte constitution, au premier degré, est ferme sur sa souche, elle résiste aux efforts du vent, qui ne la renverse et ne la casse jamais ; elle supporte également bien l'abondance d'eau et la sécheresse et parcourt lentement ses révolutions ; l'époque de son dépérissement ne commence guère avant dix-huit à vingt mois.

Cette sorte de canne est la meilleure et la plus rare.

La canne de forte constitution, au deuxième degré, présente les mêmes caractères que la précédente ; mais ils sont exprimés avec moins de force.

Ferme sur sa souche, elle résiste à l'action du vent et supporte assez bien l'eau et la sécheresse ; elle commence à dépérir à seize ou dix-huit mois.

La canne d'une constitution forte, au troisième degré, porte les mêmes caractères, mais moins fortement exprimés. Elle croît dans les terres fortes, élevées, et dans les marais ou montagnes ; elle aime l'abondance de pluie et craint la sécheresse. Elle commence à dépérir à quinze ou seize mois. Elle est ferme sur sa souche et résiste aux efforts du vent.

La canne d'une constitution faible est bonne ou mauvaise. Celle qui est bonne est généralement répandue ; elle croit dans les plaines ; l'état du sol modifie sa constitution, mais ne la change pas. L'abondance de pluie l'affaiblit encore et la gâte l'extrême sécheresse la fait dépérir et mourir.

Son dépérissement est plus ou moins prompt, suivant la saison ; il commence à onze, douze, quelquefoie à quinze mois. Elle ne résiste pas longtemps aux efforts du vent, qui la renverse et la brise parfois ; elle est souvent courbe, tortue.

La canne d'une constitution faible et mauvaise croit dans les terres humides et marécageuses ou encore dans les terres neuves qu'on met en culture pour la première fois et qui sont fraîches. Elle aime l'extrême sécheresse et l'abondance de pluie lui est nuisible. Elle est faible sur pied ; le vent la renverse presque toujours et la casse souvent. Son dépérissement commence à quinze ou seize mois.

On voit d'après ces indications combien il est important pour le cultivateur de bien connaître la canne et le but de ses fonctions communes et particulières, afin de pouvoir employer à propos les divers agents de la végétation et de la maturation pour diriger et féconder également bien leur action et sur la canne à sucre et sur la canne sucrée.

L'eau étant un des plus puissants agents de la végétation de la canne, les soins des cultivateurs doivent se tourner vers les moyens de lui en fournir beaucoup et de la faire profiter, autant qu'il est possible, de toute celle qu'elle reçoit par la pluie et par l'arrosage; pour cet effet, il convient que la terre soit mise dans le plus grand état de division.

L'art du cultivateur consiste en entier à savoir bien modifier, suivant les circonstances, l'action de l'air et du soleil.

Ainsi dans les terres où la végétation est trop forte, trop active, il faut planter à de grandes distances et laisser pousser la canne de rejeton pendant plusieurs années de suite; lorsqu'au contraire elle est trop faible, il faut ou replanter à neuf ou labourer les rejetons.

En un mot, il faut que l'observation, l'expérience, l'intelligence de l'homme, comme en tout ce qui touche aux questions agricoles et industrielles, soient sans cesse tenues en haleine.

IV

Économie végétale de la canne.

S'il ne nous est pas possible d'approfondir la cause du mouvement qui donne la vie aux végétaux, au moins devons-nous étudier ses effets dans les fonctions des différentes plantes qu'il vivifie, surtout dans celles dont les produits nous intéressent le plus.

Or, les expériences de Boyle paraissent démontrer que la terre dans laquelle les racines des végétaux se développent et s'accroissent n'entre point dans le système de la circulation de la plante, pour se ranger au nombre de ses principes constitutifs; elle ne peut donc être considérée que comme une éponge plus ou moins perméable à l'eau qui retient et fixe les racines en leur permettant de s'étendre.

L'illustre auteur de la *Physique des Arbres* a démontré que l'unique fonction des racines est d'enlever de la terre qu'elles pénètrent l'eau dont cette terre est imprégnée.

C'est donc sur l'eau que se porte le mouvement qui donne la vie aux plantes; elle paraît être le premier et le plus grand moyen de la nature dans la végétation.

D'autre part, l'observation et l'expérience démontrent que les feuilles sont des organes particuliers destinés à remplir les fonctions les plus importantes de l'économie végétale.

Elles présentent dans leur structure des vaisseaux séveux, dont les divisions et les ramifications se multiplient à l'infini en se confondant avec la peau.

L'eau que portent ces vaisseaux est amenée, en parcourant toutes leurs ramifications, à la condition la plus favorable pour se combiner aux différents principes que les feuilles tirent de l'air et de la lumière.

Soit pure, soit décomposée, l'eau concourt à former des sucs qui passent de la feuille dans le système des vaisseaux propres, où ils reçoivent le plus haut degré d'élaboration : ces sucs sont colorés, odorants et savoureux, et, dans leurs qualités, ils prennent toujours un caractère particulier qui vient de l'organisation propre à la plante.

Nous avons vu que la feuille est la partie de la canne la première formée, et qu'elle paraît à l'œil libre à l'époque du développement du nœud d'où elle part, ce qui annonce que ses fonctions sont essentielles au développement et accroissement de ce nœud, ce que prouve l'expérience; car, si on coupe les feuilles d'une canne, non seulement les nœuds d'où elles partent ne se développent pas, mais même la canne périt.

Si on se rappelle ce que nous avons dit de la feuille, on verra qu'elle a les conditions les plus favorables pour recevoir l'action de l'air, de la lumière, du soleil et les influences atmosphériques, agents les plus puissants de la végétation.

C'est aussi dans la feuille du nœud-canne que le suc aqueux reçoit le premier mouvement qui doit le conduire à l'état muqueux herbacé.

A l'époque de la formation du nœud-canne, toutes ses parties sont ébauchées par le mouvement qui vivifie la plante; mais après cette époque, presqu'abandonné à lui-même, c'est de ses propres forces qu'il semble subir toutes ses révolutions et convertir le suc muqueux en sel essentiel, après lui avoir fait éprouver diverses modifications que nous allons suivre.

La sève que la feuille reçoit des vaisseaux séveux de la tige, l'eau qu'elle absorbe par sa surface inférieure, combinées aux principes que l'air et la lumière fournissent, forment pendant le développement du nœud-canne un suc muqueux qui, après avoir pris le caractère herbacé, descend dans la partie inférieure de la feuille, passe dans l'écorce et dans le système médullaire de l'entre-nœud, où ce caractère se fortifie encore.

Dans l'accroissement du nœud-canne, ses parties, devenant plus fortes, donnent aux sucs qu'elles élaborent une nouvelle modification, dont les degrés sont marqués par la proportion et la qualité de la matière glutineuse, principe du corps muqueux pur ; cette matière sert de base au principe de l'odeur, de la saveur et de la couleur de ce corps, qui, dans ce nouvel état, est doux et porte le parfum de la pomme de reinette bien mûre.

Le mouvement dont jouit le nœud-canne tourne tout entier, après son accroissement, à l'élaboration du corps muqueux, élaboration qui est marquée à divers degrés, tant par la saveur sucrée qui se développe, à mesure que la saveur douce s'affaiblit, que par l'odeur balsamique particulière à la canne, qui s'établit à mesure que l'odeur de pomme disparaît.

Ce travail est celui de la maturation, dans laquelle le corps muqueux arrive à l'état sucré, d'où il passe à celui de sel essentiel en se dépouillant de la partie colorante jaune, balsamique, propre à la canne pendant la maturité opérée par l'action de l'air, de la lumière et du soleil, que le nœud-canne, dont la feuille est alors desséchée, reçoit plus immédiatement : action qui donne aux molécules constituantes du corps muqueux, devenu sel essentiel, toute la force d'agrégation qu'elles peuvent acquérir et qu'elles exercent, sitôt qu'on les rapproche convenablement en se réunissant sous une forme solide, cristalline et régulière.

Telle est la marche que la nature suit dans la formation du corps muqueux et dans sa conversion en l'état herbacé, doux, sucré et de sel essentiel.

En rapprochant ce qui se passe dans la plupart des fruits muqueux doux et sucrés, on verra entre eux et le nœud-canne une parfaite analogie.

Ces fruits ne tiennent à l'arbre qui les produit que par un pédicule formé de quelques vaisseaux séveux et de l'écorce ; ces vaisseaux présentent, en se divisant, l'ébauche vasculaire du fruit que la peau du pédicule recouvre en prenant une texture particulière.

Cet ensemble forme un organe qui travaille par le mouvement dont jouit son organisation propre, le suc séveux qu'il reçoit et qu'il convertit en suc muqueux herbacé, doux et sucré.

Ces diverses modifications et les nuances presque infinies qu'elles nous offrent dans différents fruits doux et sucrés sont dues principalement à une matière glutineuse qui, par l'action de l'air, de la lumière et du soleil, se combine dans la peau du fruit, de diverses manières, et dans des proportions différentes au principe de l'odeur, de la saveur et de la couleur ; et c'est à la faveur de ce principe que cette matière passe dans la substance parenchymateuse du fruit, dont les qualités ont d'autant plus d'énergie que l'action du soleil sur ce fruit a été plus constante et plus forte, ce qui est évidemment démontré par la délicatesse et la finesse du parfum des fruits que donnent les arbres à haute tige et en plein vent, qui sont plus exposés à cette action.

D'après ce qui précède, on voit que la nature suit, dans la plupart des fruits muqueux, la même marche que dans le nœud-canne, pour former et élaborer le corps muqueux ; mais que la perfection de ce corps est portée, dans ce dernier, à un degré qu'aucun fruit ne peut atteindre, et que cet avantage doit le placer à la tête des fruits muqueux comme le plus parfait.

V

Des sucs de la canne considérés dans la canne elle-même.

Après avoir considéré les diverses parties de la canne, tant en elles-mêmes que dans leurs fonctions, Dutrône examine ses différents sucs tels qu'ils existent dans les organes où ils sont formés et élaborés.

Cet examen nous conduira, dit ce savant naturaliste, à une connaissance plus juste, plus exacte du suc exprimé de la canne sucrée.

Dans les végétaux, la sève est sans cesse renouvelée par l'eau que les racines enlèvent à la terre et qu'elles portent dans le système des vaisseaux séveux, qui la distribuent aux divers organes pour servir à leurs fonctions.

Si on se rappelle ce que nous avons dit de la stucture des racines, du nombre et du calibre des vaisseaux séveux dans la canne, on concevra aisément que cette plante reçoit et contient beaucoup d'eau.

L'observation apprend qu'elle en consomme une quantité prodigieuse dans sa végétation et dans le travail de ses sucs, que nous distinguerons en sucs séveux, sucs savonneux et sucs muqueux.

L'eau, considérée dans le système des vaisseaux séveux n'est pas parfaitement pure ; elle tient en dissolution une matière qui forme, avec elle, la sève ou suc séveux.

La quantité de sève contenue dans les vaisseaux séveux de la canne sucrée est très considérable, surtout après des pluies abondantes.

Dans l'expression de la canne, le suc séveux découle de l'extrémité de ses vaisseaux, et on peut aisément le recevoir dans une cuillère. Il est parfaitement clair et limpide, et il paraît aussi pur que l'eau distillée ; mais, quoiqu'il ne porte ni odeur, ni couleur, si on le garde pendant plusieurs jours dans une fiole, il s'altère et on y aperçoit une matière fibreuse qui en trouble la transparence et se dépose lentement.

Cette matière, unie au principe qui la tenait en dissolution, paraît être le corps muqueux pur qui, combiné à l'eau, forme le suc séveux de la canne.

Qu'il nous soit permis, ajoute Dutrône, de faire ici une légère digression sur le suc muqueux pur.

Ce corps paraît être la substance alimentaire du

règne végétal. Il existe dans toutes les plantes, c'est dans le système des vaisseaux séveux qu'il se forme et qu'il reçoit son premier degré d'élaboration ; non-seulement il sert d'aliment à la plante, mais il paraît qu'elle trouve encore en lui la base de tous ses produits ; uni à une quantité d'eau, il forme la sève.

S'il est très rapproché, il prend une consistance solide ; alors il est parfaitement clair et limpide et il porte le nom de *gomme ;* s'il est entièrement privé d'eau, il paraît sous la forme de cette poudre blanche très connue sous le nom d'*amidon.*

Le corps muqueux pur, dans ces trois états, ne porte ni couleur, ni odeur, ni saveur sensibles ; aussi, lorsqu'il est dissous dans une assez grande quantité d'eau, sa présence ne se manifeste guère que par sa décomposition, dans laquelle se séparent un acide et une matière fibreuse ; cette matière, en se réunissant, forme une espèce de *moisissure,* qui n'est soluble ni dans l'eau, ni dans l'esprit-de-vin, ni dans les acides, et qui paraît avoir tous les caractères de la matière glutineuse.

Si le corps muqueux peut donner dans la décomposition spontanée un acide et une matière glutineuse, on conçoit aisément que ces deux principes peuvent être séparés dans le végétal par l'action d'un organe particulier ; que, séparés, ils peuvent s'unir à d'autres principes qui les modifient en les éloignant plus ou moins de leur état primitif.

On peut encore concevoir que ces deux principes, restant unis, peuvent être modifiés, sans que leur combinaison soit rompue, et former alors toutes les modifications du corps muqueux connues sous les noms de mucilages, de corps muqueux farineux, acides doux, sucrés, et enfin de sucre.

Nous avons déjà désigné sous le nom de suc muqueux herbacé, la première modification que reçoit le corps muqueux pur dans le nœud-canne ; ce suc, exprimé, abandonné à lui-même, donne toujours dans sa décomposition un acide et une moisissure abondante.

Dans la seconde modification, désignée sous le nom de suc muqueux doux, la substance glutineuse, principe de ce corps muqueux, qui porte déjà le caractère herbacé, reçoit dans une plus grande proportion le principe de la couleur, de la saveur, de l'odeur qui constitue le suc muqueux doux, dont la couleur est alors citrine, ambrée, et qui porte, avec la saveur douce qui le caractérise, le parfum de pommes de reinettes.

La décomposition spontanée de ce suc exprimé est, suivant les circonstances, ou acide ou spiritueuse.

Dans le premier cas, elle donne un acide, une substance glutineuse et une matière extrêmement fine portant une partie colorante résineuse.

Dans le second cas, il se dégage du gaz carbonique et il se forme de l'esprit-de-vin qui reste uni à l'eau et au suc muqueux doux qui n'a point été décomposé ; cet ensemble présente une liqueur parfaitement analogue au cidre.

Dans la troisième modification, la partie colorante du suc muqueux doux prend un caractère résineux qui change son odeur de pomme en une odeur balsamique particulière à la canne. Sa saveur douce se change aussi en saveur douce sucrée.

Ce suc, dans ce nouvel état, est parfaitement analogue au miel, et prend le nom de suc muqueux sucré. Exprimé, sa décomposition est comme celle du suc muqueux doux, ou acide, ou spiritueux, et elle donne les mêmes principes.

Dans la dernière modification, le suc muqueux sucré est entièrement dépouillé de sa couleur citrine et de son odeur balsamique, et sa saveur sucrée est beaucoup plus développée.

Ce dernier état est celui qui constitue le suc muqueux, sel essentiel, renfermé dans les cellules que forme la substance médullaire du nœud-canne, où il paraît parfaitement clair.

Comme chaque cellule est parfaitement isolée, et qu'il n'y a entre elles aucune communication, ce suc ne s'échappe que lorsqu'il y est forcé par une pression immédiate.

Cette particularité rapproche encore le nœud-canne de la condition des fruits muqueux doux et sucrés ; comme eux, il peut être entamé, gâté dans une de ses parties, sans que les autres éprouvent la moindre altération ; ce qui démontre encore qu'il y a impossibilité à ce que le suc muqueux puisse découler de la canne, et que jamais cette plante n'a pu le présenter hors de ses cellules, ni dans l'état de sirop, ni dans l'état concret.

Si on fait attention que le dernier nœud de la canne sucrée qui renferme le suc muqueux, sel essentiel, est suivi d'une vingtaine de nœuds qui forment la canne à sucre ; que le suc muqueux dans chacun de ces nœuds est à un état d'élaboration particulière marqué par huit à dix jours de différence ; que dans chacun de ces degrés il prend au moins huit à dix nuances différentes, on aura une légère idée du nombre de modifications que le corps muqueux doit subir dans la combinaison de ses divers principes, pour arriver à l'état de sel essentiel.

Pour rendre plus sensible la transmutation du suc muqueux pur en corps muqueux doux et sucré, nous en rapporterons un exemple aussi curieux que frappant pris dans le fruit du bananier.

Lorsque la banane est arrivée à un certain degré, on la cueille quoique verte encore ; après qu'on l'a fait bouillir dans l'eau et qu'on l'a dépouillée de son écorce, elle conserve sa forme et présente un cylindre de six à huit pouces de longueur, dont la substance, presque entièrement amilacée, est ferme, blanche, inodore et peu savoureuse : dans cet état, elle forme un excellent aliment pour les nègres. Coupée par petits morceaux et exposée pendant plusieurs jours au soleil, elle se dessèche ; alors on peut la réduire en poudre très fine, et cette poudre est presque tout amidon.

Lorsqu'on laisse la banane sur la plante, elle mûrit ; sa peau, qui devient jaune, élabore par l'action de l'air, de la lumière et du soleil, une matière glutineuse qui sert de base aux principes de la couleur, de l'odeur et de la saveur, qui passe à la faveur de ce principe dans la substance interne du fruit, et la change en une substance molle, pulpeuse et de couleur jaune, dont la saveur est douce et sucrée.

Ce fruit, dans lequel il serait alors impossible de trouver une molécule d'amidon, porte un parfum agréable, et son suc, abandonné à lui-même, passe à la fermentation spiritueuse.

L'abricot présente les mêmes transmutations d'une manière presque aussi marquée.

C'est dans le système des vaisseaux propres que s'élabore le suc savonneux extractif qui nous reste à considérer.

La sève portée dans les vaisseaux propres des feuilles et de l'écorce présente dans la matière glutineuse une base aux principes que ces organes tirent de l'air, de la lumière et de l'eau, principes auxquels cette matière doit la couleur, l'odeur, la saveur et la dissolubilité, qualités qui lui ont mérité le nom de suc savonneux extractif, parce qu'étant également soluble dans l'eau, dans l'esprit-de-vin, il semble qu'il soit le produit de la combinaison d'un sel et d'une huile.

Plusieurs faits et l'expérience démontrent que la base du suc savonneux extractif est une matière glutineuse ; on verra par la suite quelle est l'action des réactifs sur ce suc et par quel moyen on peut le décomposer.

La couleur de l'écorce de la canne tient en partie au suc savonneux extractif ; on l'enlève aisément par l'eau ; elle tient encore, dans une plus grande proportion, à une matière résineuse qui n'est soluble que dans l'esprit-de-vin.

L'eau bouillante qui s'est chargée du suc savonneux extractif de l'écorce de la canne sucrée porte une couleur ambrée et a une odeur de pomme mûre.

Quoique la substance médullaire paraisse extrêmement blanche, elle contient néanmoins une petite quantité de suc savonneux que l'eau bouillante dissout et qui donne à cette eau, avec une couleur citrine légère, une odeur de pomme.

L'esprit-de-vin dissout, comme l'eau, le suc savonneux de l'écorce et de la substance médullaire. Les acides ne semblent point avoir de prise sur lui ; ils paraissent, au contraire, le fixer plus intimement à la partie solide de la canne.

Les alcalis le dégagent dans une proportion d'autant plus grande, qu'ils sont plus caustiques et qu'ils sont aidés d'un plus fort degré de chaleur.

La substance médullaire, après avoir été dépouillée du suc savonneux par les alcalis, porte une sorte de couleur citrine résineuse.

La dissolution du suc savonneux par les alcalis, la couleur résineuse que porte la substance médullaire qui a subi leur action, méritent une attention particulière, par rapport à l'usage des lessives dans l'art du sucrier et du raffineur.

Le suc savonneux passe dans l'expression de la canne sucrée à la faveur du suc séveux qui sert à l'étendre.

3.

VI ·

Du suc exprimé de la canne sucrée.

Nous avons vu dans les organes de la canne les sucs élaborés qu'ils contiennent et examiné leur état particulier.

Les sucs séveux et muqueux, le sel essentiel, sont absolument privés de couleur ; le suc savonneux extractif, considéré dans les vaisseaux propres qui forment la substance médullaire du nœud-canne, en paraît aussi privé ; mais, devenu libre, il prend une couleur citrine.

Nous verrons bientôt quelle est la proportion du suc séveux et combien cette proportion varie.

On concevra aisément que les sucs muqueux et savonneux doivent également varier suivant les circonstances. Si on se rappelle ce que nous avons dit de la différence que les cannes présentent entre elles ; si on fait attention que ces sucs sont le produit particulier de chaque nœud-canne, on n'aura pas de peine à croire qu'ils doivent présenter dans leurs qualités plusieurs variétés et des nuances infinies, qu'il est essentiel de bien saisir pour parvenir à une connaissance intime du suc exprimé de la canne sucrée.

Les sucs de la canne sucrée, chassés par la pression du moulin, rompent les vaisseaux qui les renferment et en emportent des débris auxquels ils tiennent, plus ou moins intimement unis et confondus ; ces sucs forment un tout homogène connu sous le nom de *jus de canne* ou *suc exprimé*.

Le suc exprimé est un liquide opaque, d'un gris terne, olivâtre ; sa saveur est douce et sucrée ; il porte l'odeur balsamique de la canne ; il est doux au toucher et légèrement poisseux.

Ce suc est formé de deux parties, l'une solide et l'autre fluide, unies entre elles plus ou moins intimement, suivant les circonstances.

Nous traiterons d'abord de la partie solide, dont la connaissance est très importante par rapport aux difficultés qu'elle présente dans le travail de ce suc.

Les débris de la canne nommés *fécules*, qui forment la partie solide du jus exprimé, sont de deux sortes.

L'une, grossière, provient de l'écorce et porte avec une portion du suc savonneux une matière verte, résineuse, très abondante.

L'autre est d'une finesse extrême ; elle vient de la substance médullaire et sa proportion est d'autant plus considérable, que les vaisseaux de cette substance étaient plus faibles ; elle porte aussi une portion de suc savonneux qui, quelquefois, y est très intimement uni.

Plusieurs agents tels que l'air, la chaleur, les alcalis, etc., décomposent le suc exprimé en séparant les fécules de la partie fluide.

Lorsque ce suc est exposé à l'air en grande surface, les fécules se séparent et se précipitent au fond du vase ; la partie fluide qui surnage porte une couleur citrine très faible, due au suc savonneux qui a passé dans l'expression.

Dans cette décomposition le suc savonneux qui tient aux fécules n'en est point séparé, et la partie fluide décantée prend le nom de *suc dépuré* ou *vesou*.

L'eau que contient le vesou exposé à l'air et au soleil s'évapore d'une manière constante et graduée. Les molécules du sel essentiel suivent en se rapprochant la marche lente de l'évaporation la plus favorable pour leur union cristalline et régulière.

Le sucre se présente alors sous la forme de cristaux couverts d'une légère teinte citrine, produite par le suc savonneux qui vernit leur surface.

Ce moyen de déssécher le suc exprimé et d'en extraire le sel essentiel est bien certainement le plus naturel et le plus simple; mais, comme il est impraticable en grand, on doit donc chercher à s'en rapprocher le plus possible dans le choix des procédés par lesquels on le remplace.

La chaleur décompose le suc de canne au simple degré du bain-marie; toutefois son action, portée à la plus forte ébullition même, suffit rarement pour séparer en entier la première fécule de la seconde sorte; souvent même elle favorise son union à la partie fluide et la rend plus intime; alors on est obligé d'avoir recours aux alcalis.

En séparant les fécules et en les réunissant sous la forme de gros flocons, la chaleur en enlève tout le suc savonneux qu'elle ne peut dissoudre. Ce suc met le vesou dans un état moins favorable pour l'extraction du sel essentiel que n'est celui qui n'a reçu que l'action de l'air.

La fécule et le vesou qui ont éprouvé l'action de l'air et de la chaleur seulement conservent l'odeur balsamique de la canne.

Les alcalis sont de tous les agents ceux dont l'action sur le suc de canne est la plus forte et la plus marquée. Ils le décomposent à l'instant, en séparant les deux sortes de fécules sous la forme de très gros flocons qui se précipitent si leur action se passe à froid, et dont ils enlèvent tout le suc savonneux d'autant plus sûrement, qu'ils sont plus caustiques ; ils se combinent à ce suc dans la plus grande proportion et leur combinaison, qui paraît savonneuse, donne au vesou une odeur de lessive d'autant plus forte, que l'alcali est plus abondant et plus pur.

Toutefois, et quels que soient les avantages qu'ils présentent, les alcalis, en dépouillant les fécules de tout le suc savonneux qu'elles portent, en les dissolvant même dans quelques circonstances, deviennent, par suite des sucs savonneux auxquels ils sont combinés, nuisibles à la cristallisation du sel essentiel.

Quant à l'action de l'alcool ou de l'esprit-de-vin sur les fécules dans le suc exprimé, elle n'est point sensible, sauf cependant quand il s'agit de suspendre pour quelques heures leur décomposition spontanée.

Les acides semblent diviser davantage les fécules et favoriser leur union à la partie fluide ; ils en altèrent la couleur verte, qu'ils changent en couleur feuille morte.

Si le suc exprimé de cannes fraîches est abandonné